Impressum
Verlag: BABADADA GmbH, Nedderfeld 112 , 22529 Hamburg
Geschäftsführer / Verlagsleitung: Harald Hof
Druck: Books on Demand GmbH, In de Tarpen 42, 22848 Norderstedt

Imprint
Publisher: BABADADA GmbH, Nedderfeld 112 , 22529 Hamburg, Germany
Managing Director / Publishing direction: Harald Hof
Print: Books on Demand GmbH, In de Tarpen 42, 22848 Norderstedt, Germany

mokykla
iskola

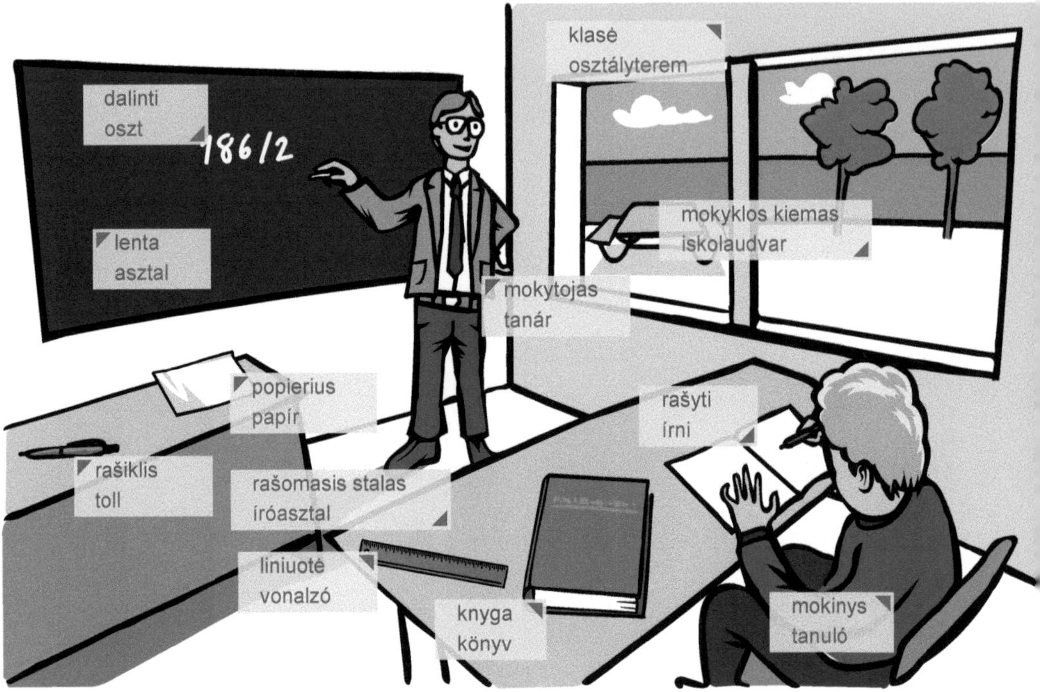

klasė
osztályterem
dalinti
oszt
186/2
lenta
asztal
mokyklos kiemas
iskolaudvar
mokytojas
tanár
popierius
papír
rašyti
írni
rašiklis
toll
rašomasis stalas
íróasztal
liniuotė
vonalzó
knyga
könyv
mokinys
tanuló

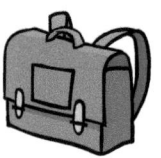

kuprinė

iskolatáska

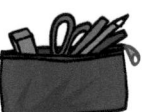

penalas

tolltartó

pieštukas

ceruza

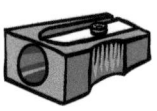

drožtukas

ceruzahegyező

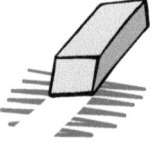

trintukas

radír

piešimo bloknotas

rajzfüzet

piešinys

rajz

teptukas

ecset

dažų dėžutė

festőkészlet

žirklės

olló

klijai

ragasztó

vadovėlis

munkafüzet

namų darbai

házi feladat

12

numeris

szám

2+2

pridėti

összead

5-2

atimti

kivon

2×2

dauginti

szoroz

skaičiuoti

számol

raidė

betű

ABCDEFG
HIJKLMN
OPQRSTU
VWXYZ

abėcėlė

ABC

hello

žodis

szó

tekstas

szöveg

skaityti

olvasni

kreida

kréta

pamoka

tanóra

dienynas

napló

egzaminas

vizsga

pažymėjimas

bizonyítvány

mokyklinė uniforma

iskolai egyenruha

išsilavinimas

oktatás

enciklopedija

enciklopédia

universitetas

egyetem

mikroskopas

mikroszkóp

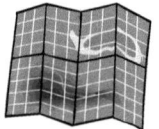

žemėlapis

térkép

šiukšliadėžė

papír-hulladék gyűjtő

kelionė
utazás

viešbutis
hotel
Grand
svečių namai
szállás
ROOMS
valiutos keitykla
valutaváltó iroda
lagaminas
bőrönd
mašina
autó

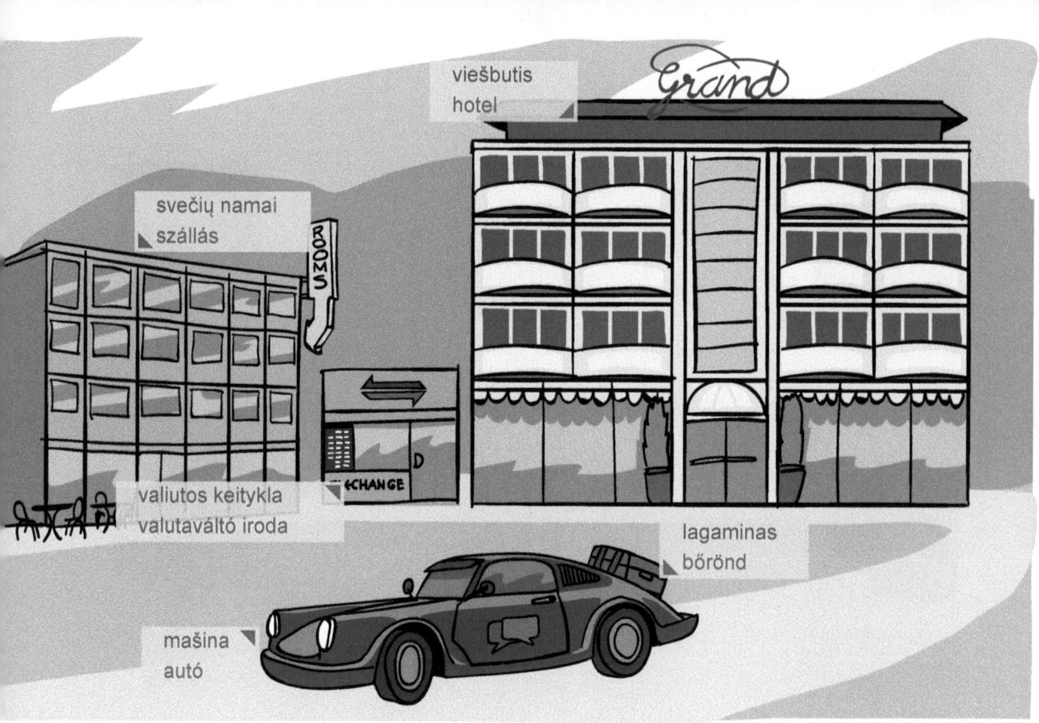

kalba
nyelv

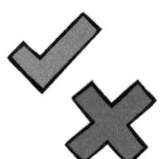

taip / ne
igen/nem

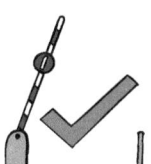

Gerai
rendben

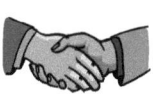

sveiki
szia

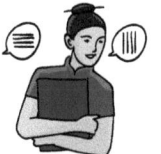

vertėjas raštu
fordító

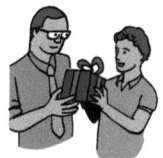

Ačiū
köszönöm

kiek kainuoja...?

mennyibe kerül...?

aš nesuprantu

nem értem

problema

probléma

Labas vakaras!

Jó estét!

Labas rytas!

jó reggelt!

Labos nakties!

jó éjszakát!

viso gero

viszontlátásra

kryptis

útirány

bagažas

poggyász

krepšys

táska

kuprinė

hátizsák

svečias

vendég

kambarys

szoba

miegmaišis

hálózsák

palapinė

sátor

turizmo informacija

turista információ

paplūdimys

strand

kreditinė kortelė

hitelkártya

pusryčiai

reggeli

pietūs

ebéd

vakarienė

vacsora

bilietas

jegy

liftas

lift

pašto ženklas

bélyeg

siena

határ

muitinė

vám

ambasada

nagykövetség

viza

vízum

pasas

útlevél

kelionė - utazás

transportas
közlekedés

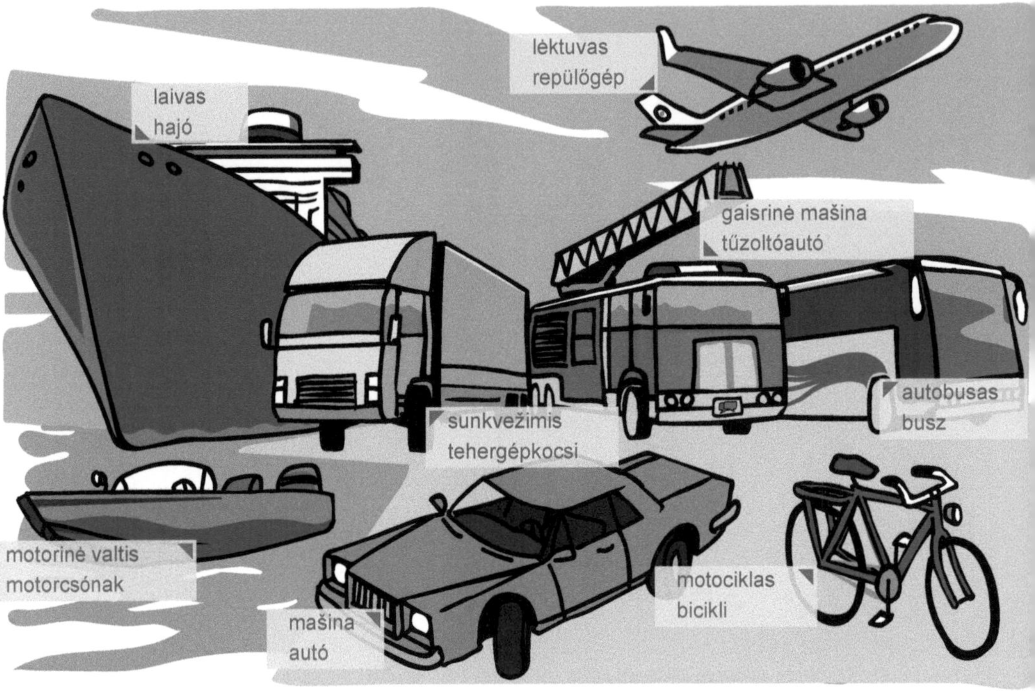
laivas
hajó
lėktuvas
repülőgép
gaisrinė mašina
tűzoltóautó
autobusas
busz
sunkvežimis
tehergépkocsi
motorinė valtis
motorcsónak
mašina
autó
motociklas
bicikli

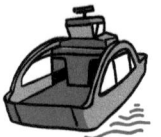

keltas

komp

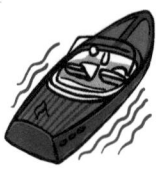

valtis

csónak

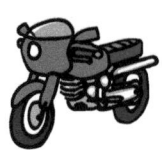

mopedas

motorkerékpár

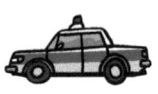

policijos automobilis

rendőrautó

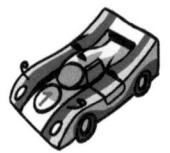

lenktyninis automobilis

versenyautó

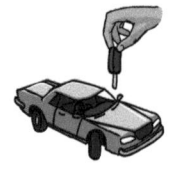

nuomojamas automobilis

bérautó

bendras automobilio
naudojimas
....
telekocsi

techninės pagalbos
automobilis
....
vontató

šiukšliavežė
....
szemetes autó

variklis
....
motor

degalai
....
üzemanyag

degalinė
....
benzinkút

kelio ženklas
....
közlekedési tábla

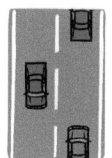

eismas
....
forgalom

eismo spūstis
....
forgalmi dugó

mašinų stovėjimo aikštelė
....
parkoló

traukinių stotis
....
vonatállomás

bėgiai
....
sínek

traukinys
....
vonat

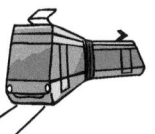

tramvajus
....
villamos

vagonas
....
vagon

sraigtasparnis

helikopter

oro uostas

repülötér

bokštas

torony

keleivis

utas

konteineris

konténer

dėžė

kartondoboz

vežimėlis

taliga

krepšys

kosár

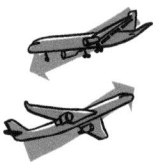

pakilti / nusileisti

felszáll / leszáll

miestas
város

kaimas

falu

miesto centras

városközpont

namas

ház

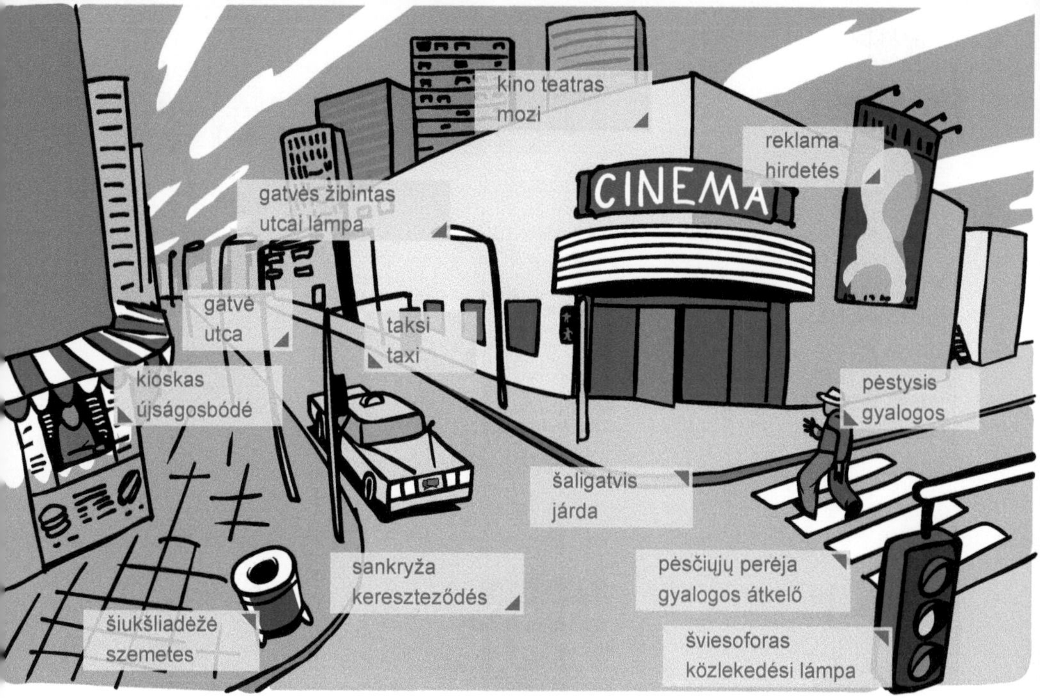

kino teatras
mozi

reklama
hirdetés

CINEMA

gatvės žibintas
utcai lámpa

gatvė
utca

taksi
taxi

kioskas
újságosbódé

pėstysis
gyalogos

šaligatvis
járda

sankryža
kereszteződés

pėsčiujų perėja
gyalogos átkelő

šiukšliadėžė
szemetes

šviesoforas
közlekedési lámpa

trobelė

kunyhó

butas

lakás

traukinių stotis

vonatállomás

rotušė

városháza

muziejus

múzeum

mokykla

iskola

universitetas

egyetem

bankas

bank

ligoninė

kórház

viešbutis

hotel

vaistinė

gyógyszertár

biuras

iroda

knygynas

könyvesbolt

parduotuvė

üzlet

gėlių parduotuvė

virágüzlet

prekybos centras

szupermarket

turgus

piac

universalinė parduotuvė

áruház

žuvies parduotuvė

halárus

prekybos centras

bevásárló központ

uostas

kikötő

parkas
park

suoliukas
pad

tiltas
híd

laiptai
lépcső

metro
metró

tunelis
alagút

autobusų stotelė
buszmegálló

baras
bár

restoranas
étterem

lauko pašto dėžutė
postaláda

kelio ženklas
utcatábla

parkomatas
parkoló óra

zoologijos sodas
állatkert

baseinas
uszoda

mečetė
mecset

ūkininko ūkis
gazdálkodás

tarša
környezetszennyezés

kapinės
temető

bažnyčia
templom

žaidimų aikštelė
játszótér

šventykla
szentély

kraštovaizdis
táj

lapas
levél

kelio rodyklė
útjelző tábla

kelias
út

pieva
rét

akmuo
kő

ėjikas
túrázó

medis
fa

upė
folyó

žolė
fű

gėlė
virág

slénis

völgy

kalva

domb

eżeras

tó

miškas

erdő

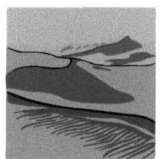

dykuma

sivatag

ugnikalnis

vulkán

pilis

kastély

vaivorykštė

szivárvány

grybas

gomba

palmė

pálmafa

uodas

szúnyog

musė

légy

skruzdėlė

hangya

bitė

méhecske

voras

pók

vabalas

bogár

varlė

béka

voverė

mókus

ežys

sündisznó

kiškis

nyúl

pelėda

bagoly

paukštis

madár

gulbė

hattyú

šernas

vaddisznó

elnias

szarvas

briedis

rénszarvas

užtvanka

gát

vėjo jėgainė

szélturbina

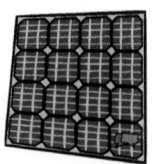

saulės baterija

napelem

klimatas

éghajlat

padavėjas
pincér

meniu
menü

kėdė
szék

sriuba
leves

pica
pizza

stalo įrankiai
evőeszköz

staltiesė
terítő

užkandis
előétel

pagrindinis patiekalas
főétel

desertas
desszert

gėrimai
italok

maistas
étel

butelis
üveg

greitai pateikiamas maistas

gyorsétel

gatvės maistas

gyorsétel

arbatinukas

teás kanna

cukrinė

cukortartó

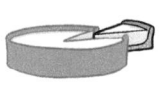

porcija

adag

espreso aparatas

eszpresszógép

aukšta kėdė

bárszék

sąskaita

számla

padėklas

tálca

peilis

kés

šakutė

villa

šaukštas

kanál

arbatinis šaukštelis

teáskanál

servetėlė

szalvéta

stiklinė

pohár

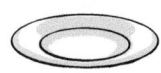

lėkštė
tányér

sriubos lėkštė
leveses tányér

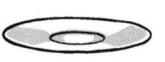

padėklas
csészealj

padažas
szósz

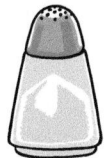

druskinė
sószóró

pipirų malūnėlis
borsőrlő

actas
ecet

aliejus
étkezési olaj

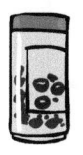

prieskoniai
fűszerek

kečupas
ketchup

garstyčios
mustár

majonezas
majonéz

prekybos centras
szupermarket

specialus pasiūlymas
különleges ajánlat
FOR
pirkėjas
ügyfél
pieno produktai
tejtermék
vaisiai
gyümölcsök
troleibusas
bevásárló kocsi

BUTCHERS

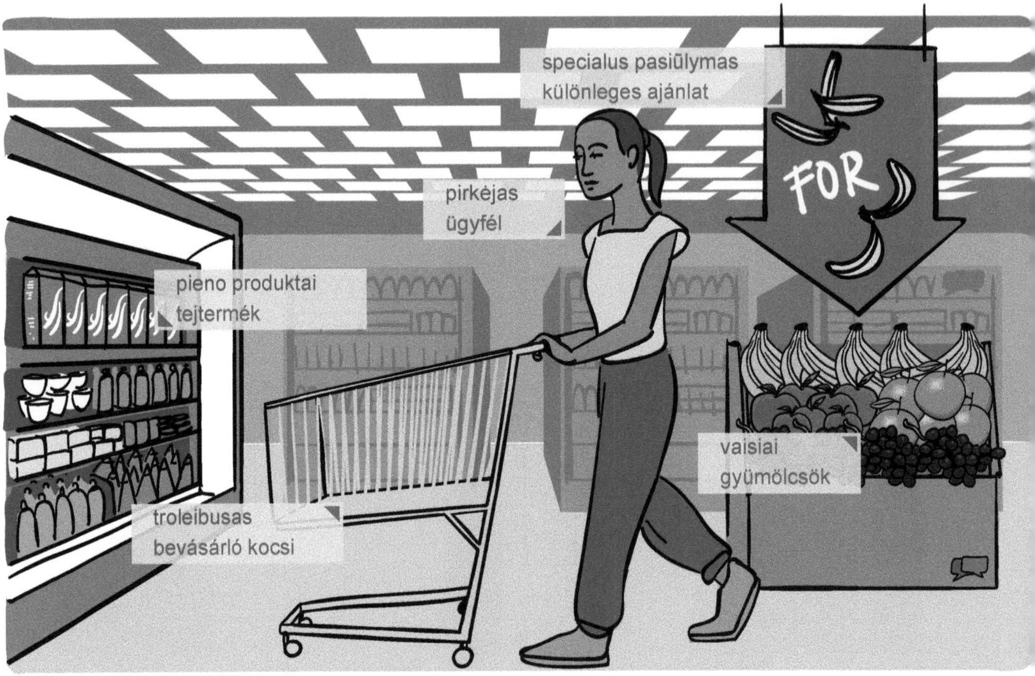

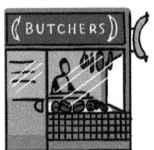

mėsos parduotuvė

hentes

BAKERY

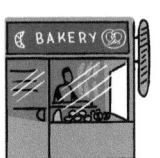

kepykla

pékség

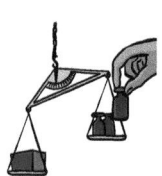

sverti

nyom valamennyit

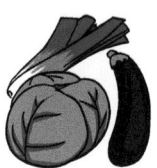

daržovės

zöldség

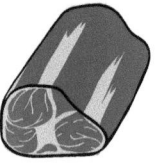

mėsa

hús

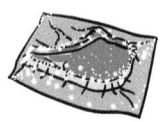

šaldytas maistas

fagyasztott áru

šalti mėsos užkandžiai

felvágott

konservai

konzerv

skalbimo milteliai

mosópor

saldumynai

édességek

ūkinės prekės

háztartási termék

valymo priemonės

tisztítószerek

pardavėja

eladó

kasos aparatas

pénztárgép

kasininkas

eladó

pirkinių sąrašas

bevásárló lista

darbo valandos

nyitva tartás

piniginė

levéltárca

kreditinė kortelė

hitelkártya

maišelis

zacskó

plastikinis maišelis

műanyag zacskó

vanduo

víz

sultys

gyümölcslé

pienas

tej

kola

kóla

vynas

bor

alus

sör

alkoholis

alkohol

kakava

kakaó

arbata

tea

kava

kávé

espresas

eszpresszó

kapučinas

kapucsínó

bananas
banán

obuolys
alma

apelsinas
narancs

arbūzas
sárgadinnye

citrina
citrom

morka
sárgarépa

česnakas
fokhagyma

bambukas
bambusz

svogūnas
hagyma

grybas
gomba

riešutai
magvak

makaronai
nokedli

spagečiai

spagetti

ryžiai

rizs

salotos

saláta

traškučiai

sült krumpli

keptos bulvės

sült burgonya

pica

pizza

mėsainis

hamburger

sumuštinis

szendvics

pjausnys

hússzelet

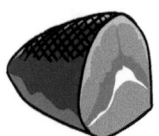

kumpis

sonka

saliamis

szalámi

dešrelė

kolbász

vištiena

csirke

kepsnys

pecsenye

žuvis

hal

avižų dribsniai
zabkása

dribsniai su priedais
müzli

kukurūzų dribsniai
kukoricapehely

miltai
liszt

prancūziškasis ragelis
croissant

bandelė
zsemle

duona
kenyér

skrebutis
pirítós kenyér

sausainiai
keksz

sviestas
vaj

varškė
túró

tortas
sütemény

kiaušinis
tojás

kiaušinienė
tükörtojás

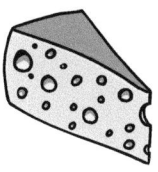

sūris
sajt

ledai

jégkrém

cukrus

cukor

medus

méz

uogienė

lekvár

tepamas šokoladas

mogyorókrém

karis

curry

maistas - étel

ūkininko ūkis
gazdálkodás

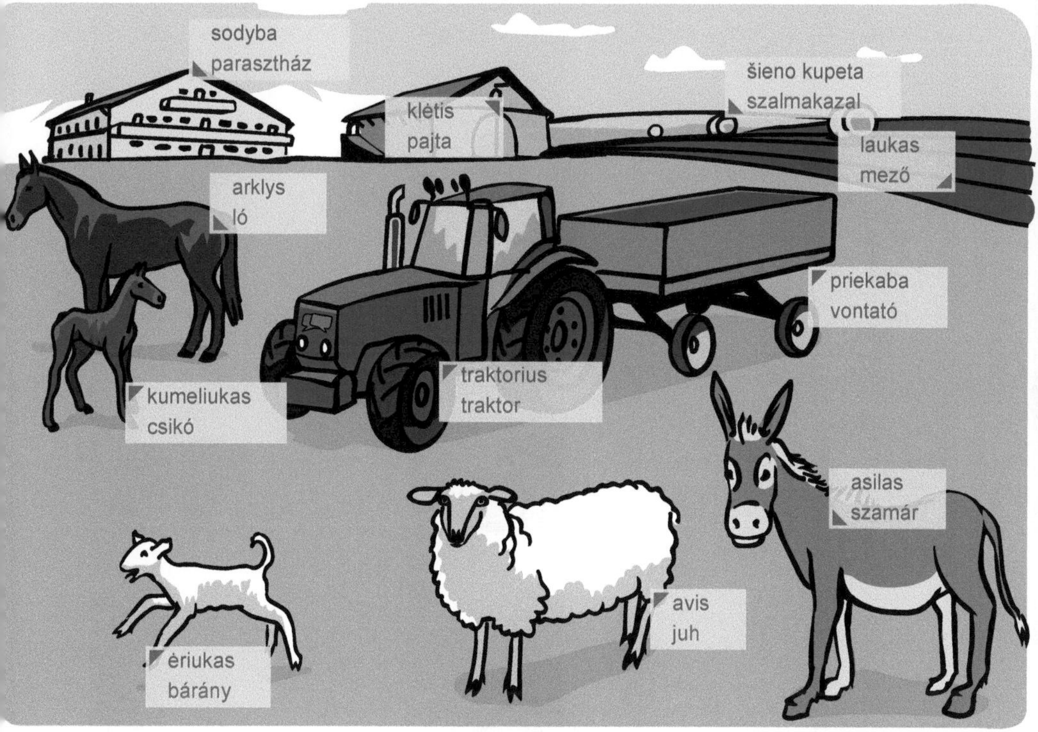
sodyba
parasztház
klėtis
pajta
šieno kupeta
szalmakazal
laukas
mező
arklys
ló
priekaba
vontató
traktorius
traktor
kumeliukas
csikó
asilas
szamár
avis
juh
ėriukas
bárány

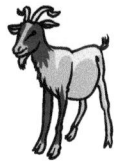

ožys
kecske

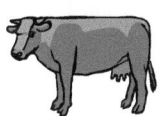

karvė
tehén

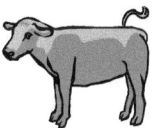

veršis
borjú

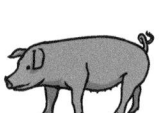

kiaulė
malac

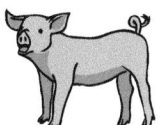

paršelis
kismalac

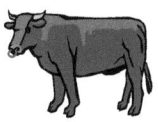

bulius
bika

žąsis
liba

antis
kacsa

viščiukas
csibe

višta
tojó

gaidys
kakas

žiurkė
patkány

katė
macska

pelė
egér

jautis
ökör

šuo
kutya

šuns būda
kutyaház

sodo namas
kerti öntözőcső

laistytuvas
öntözőkanna

dalgis
kasza

plūgas
eke

pjautuvas

sarló

kauptukas

kapa

šakės

vasvilla

kirvis

fejsze

statinė

talicska

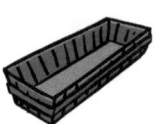

lovys

teknő

bidonas

tejes kancsó

maišas

zsák

tvora

kerítés

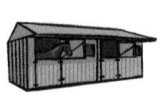

arklidė

istálló

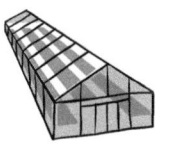

šiltnamis

üvegház

dirva

talaj

sėkla

vetőmag

trąšos

trágya

kombainas

cséplőgép

rinkti

szüretelni

derlius

betakarítás

saldžiosios bulvės

yamgyökér

kviečiai

búza

soja

szója

bulvė

burgonya

kukurūzai

kukorica

rapsai

repcemag

vaismedis

gyümölcsfa

manijokas

manióka

grūdai

gabona

namas
ház

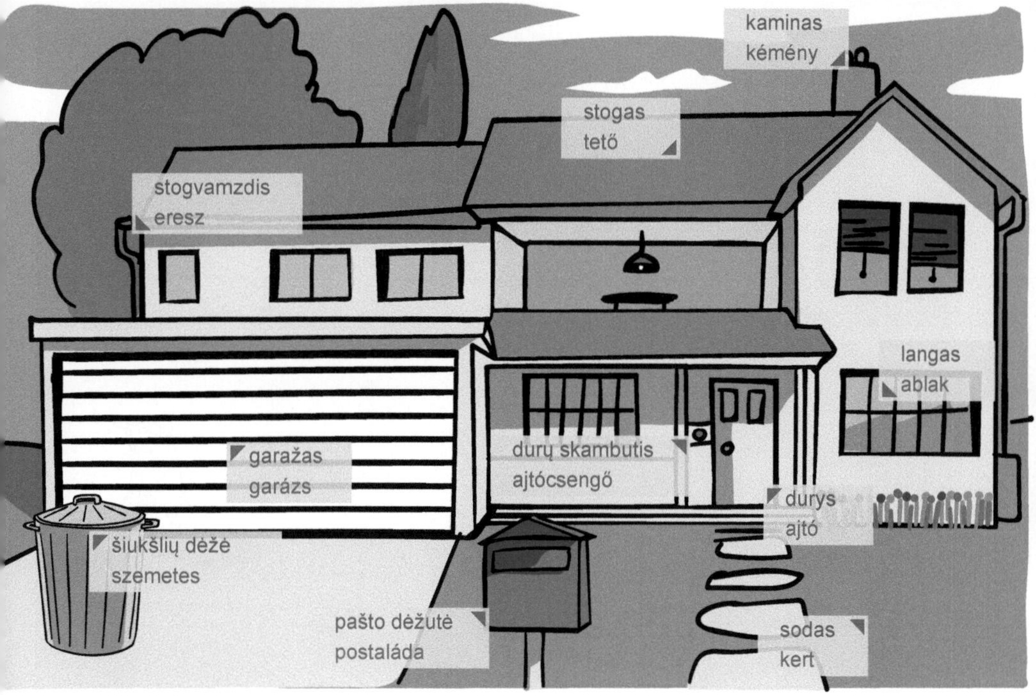
kaminas
kémény
stogas
tető
stogvamzdis
eresz
langas
ablak
garažas
garázs
durų skambutis
ajtócsengő
durys
ajtó
šiukšlių dėžė
szemetes
pašto dėžutė
postaláda
sodas
kert

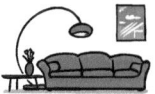

svetainė
nappali

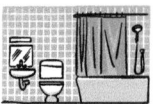

vonios kambarys
fürdőszoba

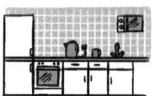

virtuvė
konyha

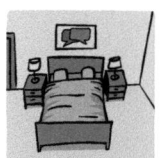

miegamasis
hálószoba

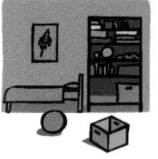

vaiko kambarys
gyerekszoba

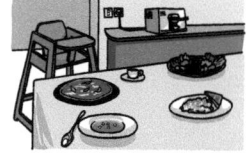

valgomasis
ebédlő

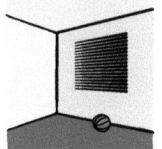

grindys

padló

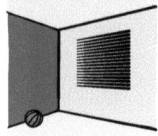

siena

fal

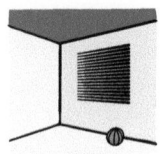

lubos

plafon

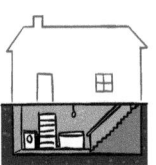

rūsys

pince

sauna

szauna

balkonas

erkély

terasa

terasz

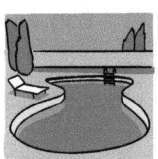

baseinas

medence

žoliapjovė

fűnyíró

paklodė

lepedő

lovatiesė

ágytakaró

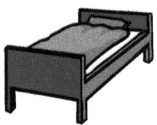

lova

ágy

šluota

seprű

kibiras

vödör

jungiklis

kapcsoló

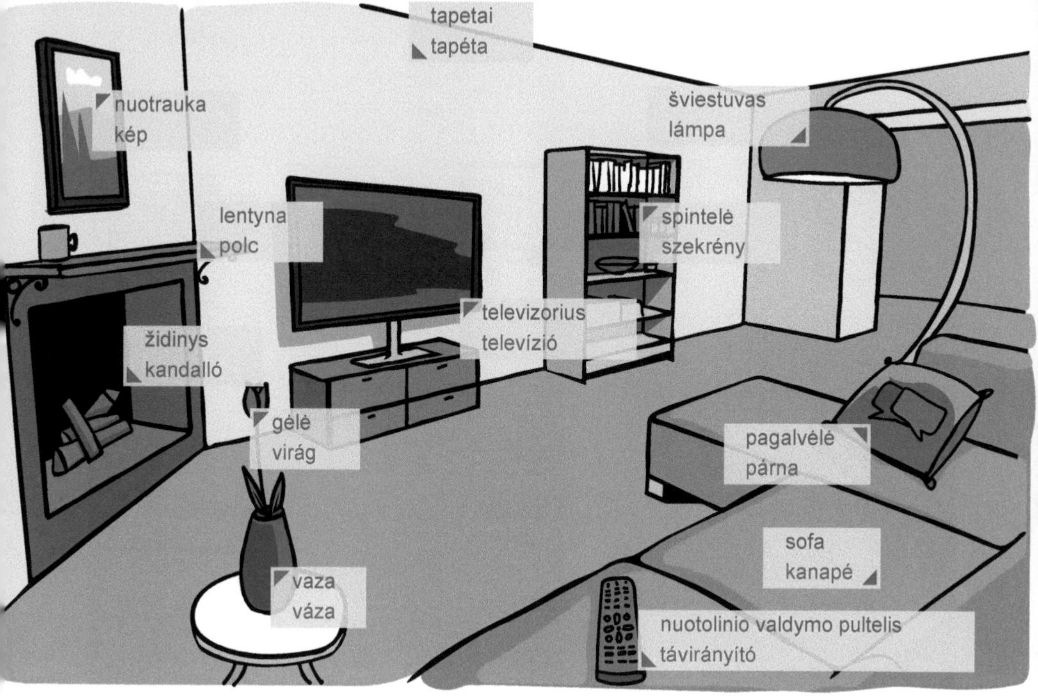

tapetai
tapéta

nuotrauka
kép

šviestuvas
lámpa

lentyna
polc

spintelė
szekrény

židinys
kandalló

televizorius
televízió

gėlė
virág

pagalvėlė
párna

vaza
váza

sofa
kanapé

nuotolinio valdymo pultelis
távirányító

kilimas
szőnyeg

užuolaida
függöny

stalas
asztal

kėdė
szék

supamasis krėslas
hintaszék

fotelis
karosszék

knyga
könyv

antklodė
takaró

papuošimai
dekoráció

malkos
tűzifa

filmas
film

stereo aparatūra
hifi

raktas
kulcs

laikraštis
újság

paveikslas
festmény

plakatas
poszter

radijas
rádió

užrašų knygelė
jegyzetfüzet

dulkių siurblys
porszívó

kaktusas
kaktusz

žvakė
gyertya

virtuvė
konyha

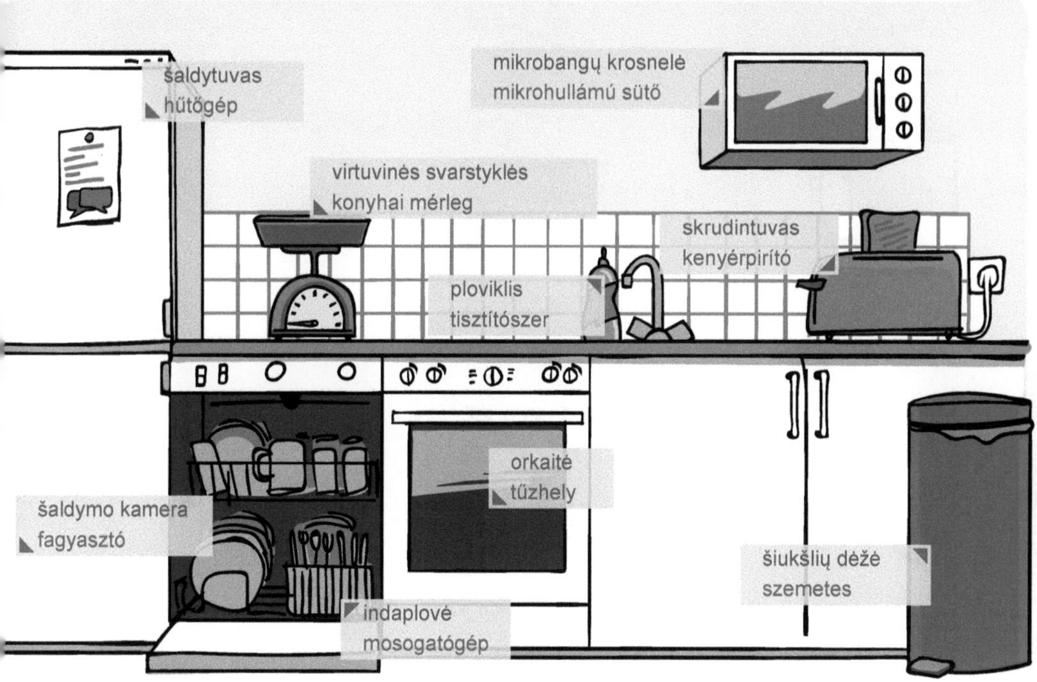
šaldytuvas
hűtőgép
mikrobangų krosnelė
mikrohullámú sütő
virtuvinės svarstyklės
konyhai mérleg
skrudintuvas
kenyérpirító
ploviklis
tisztítószer
orkaitė
tűzhely
šaldymo kamera
fagyasztó
šiukšlių dėžė
szemetes
indaplovė
mosogatógép

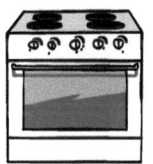

viryklė
tűzhely

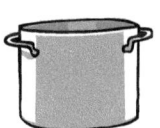

puodas
edény

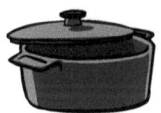

ketaus puodas
vasfazék

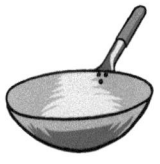

„wok“ keptuvė
wok / kadai

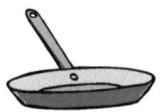

keptuvė
serpenyő

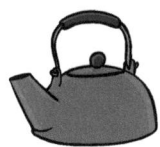

virdulys
vízforraló

garų puodas

pároló

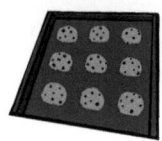

kepimo skarda

tepsi

porceliano indai

étkészlet

puodelis

bögre

dubuo

tálka

valgomosios lazdelès

evőpálcika

samtis

merőkanál

mentelè

keverőlapátka

plaktuvas

habverő

koštuvas

szűrő

sietas

szita

trintuvè

reszelő

grūstuvè

mozsár

kepsninė

grillsütő

atvira liepsna

kandalló

pjaustymo lentelė

vágódeszka

kočėlas

sodrófa

kamščiatraukis

dugóhúzó

skardinė

doboz

skardinių atidarytuvas

konzervnyitó

puodkėlė

edényfogó

kriauklė

mosogató

šepetys

kefe

kempinė

szivacs

trintuvas

turmixgép

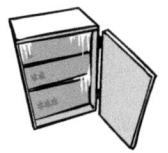

šaldiklis

mélyhűtő

kūdikių buteliukas

cumisüveg

čiaupas

csap

vonios kambarys
fürdőszoba

šildymas
fűtés
dušas
zuhany
rankšluostis
törölköző
dušo užuolaidos
zuhanyfüggöny
vonios putos
habfürdő
vonia
kád
stiklinė
pohár
skalbimo mašina
mosógép
čiaupas
csap
plytelės
csempe
naktinis puodukas
bili
kriauklė
mosogató

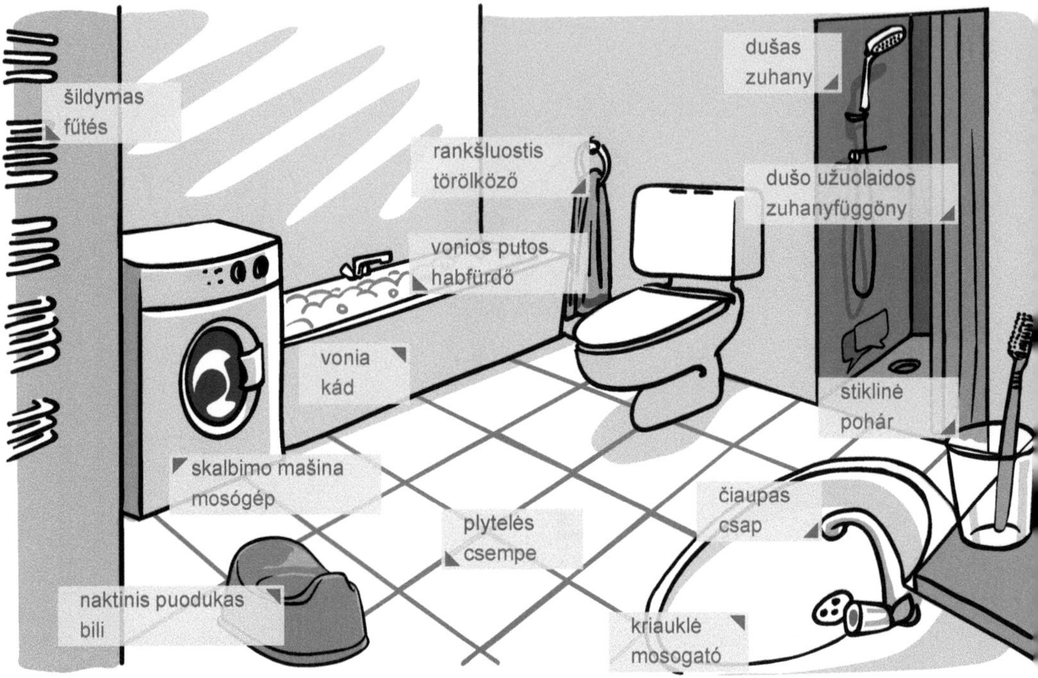

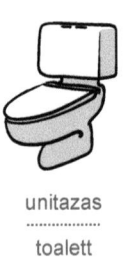

unitazas
toalett

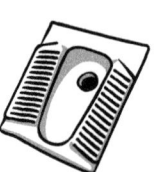

tupimasis unitazas
guggolós toalett

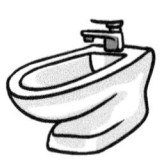

bidė
bidé

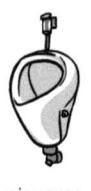

pisuaras
piszoár

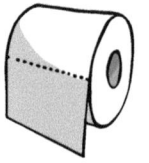

tualetinis popierius
toalett papír

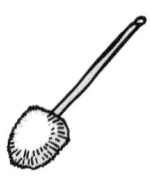

unitazo šepetys
wc kefe

dantų šepetėlis

fogkefe

dantų pasta

fogkrém

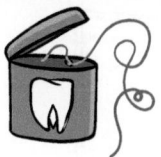

dantų siūlas

fogselyem

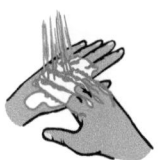

plauti

mosni

dušo galvutė

kézi zuhany

higieninis dušas

intimzuhany

praustuvas

mosdótál

nugaros plaušinė

hátmosó kefe

muilas

szappan

dušo želė

tusfürdő

šampūnas

sampon

plaušinė

mosdókesztyű

kanalizacija

lefolyó

kremas

krém

dezodorantas

dezodor

veidrodis

tükör

veidrodėlis

kézitükör

skustuvas

borotva

skutimosi putos

borotvahab

losjonas po skutimosi

borotválkozás utáni
arcszesz

šukos

fésű

šepetys

hajkefe

plaukų džiovintuvas

hajszárító

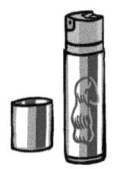

plaukų lakas

hajlakk

makiažas

smink

lūpdažis

ajakrúzs

nagų lakas

körömlakk

vata

vatta

žirklutės nagams

körömvágó olló

kvepalai

parfüm

maišelis skalbiniams

neszesszer

taburetė

sámli

svarstyklės

mérleg

chalatas

köntös

guminės pirštinės

gumikesztyű

tamponas

tampon

higieninis įklotas

egészségügyi betét

biotualetas

vegyi WC

vaiko kambarys
gyerekszoba

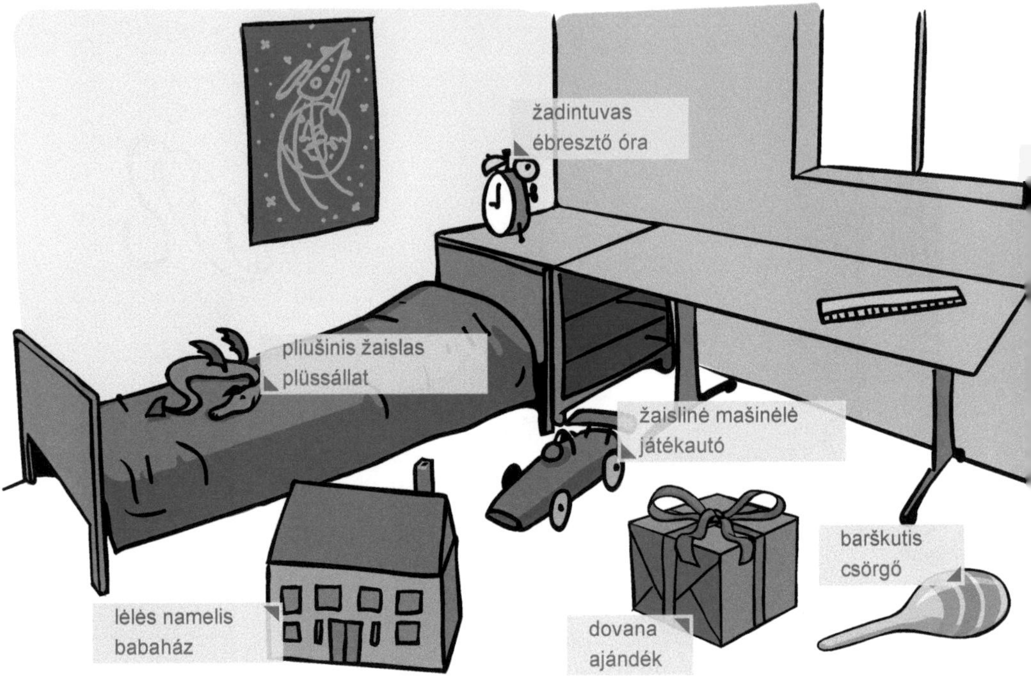

žadintuvas
ébresztő óra
pliušinis žaislas
plüssállat
žaislinė mašinėlė
játékautó
barškutis
csörgő
lėlės namelis
babaház
dovana
ajándék

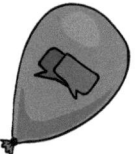

balionas
lufi

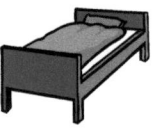

lova
ágy

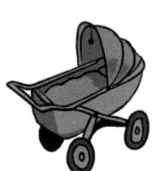

vaikiškas vežimėlis
babakocsi

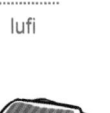

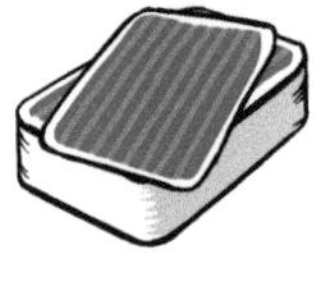

kortų malka
kártyapakli

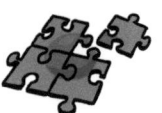

delionė
kirakós játék

komiksai
képregény

lego kaladėlės

építőkockák

žaislinės kaladėlės

építőelem

figūrėlė

szuperhős

šliaužtinukai

rugdalózó

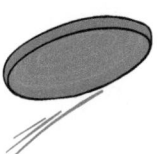

mėtymo lėkštė

frizbi

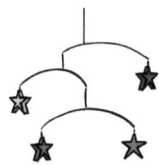

karuselė

zenélő forgó

stalo žaidimas

társasjáték

kauliukai

kocka

žaislinis traukinys

modellvasút

žindukas

cumi

vakarėlis

zsúr

paveiksliukų knygelė

képeskönyv

kamuolys

labda

lėlė

baba

žaisti

játszani

smėlio dėžė

homokozó

sūpynės

hinta

žaislai

játékok

žaidimų konsolė

videójáték konzol

triratukas

tricikli

meškiukas

teddi maci

drabužių spinta

ruhásszekrény

drabužis

ruházat

kojinės

zokni

kojinės virš kelių

harisnya

pėdkelnės

harisnyanadrág

šalikas
sál

diržas
öv

skėtis
esernyő

marškinėliai
póló

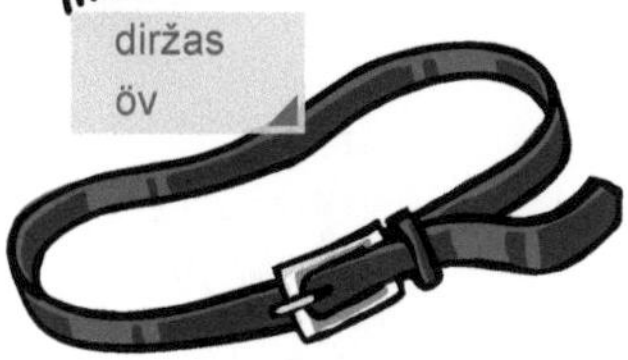

ilgaauliai batai
csizma

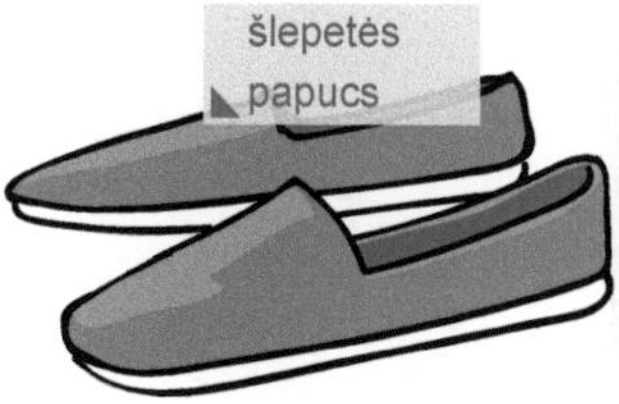

sportbačiai
tornacipő

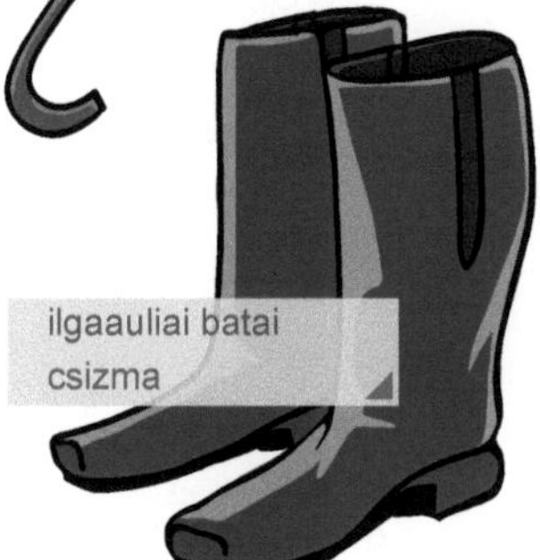

šlepetės
papucs

sandalai
....
szandál

batai
....
cipő

guminiai batai
....
gumicsizma

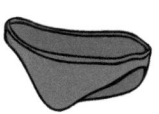

trumpikės
....
alsónadrág

liemenėlė
....
melltartó

liemenė
....
mellény

glaustinukė

body

kelnės

nadrág

džinsai

farmer

sijonas

szoknya

palaidinė

blúz

marškiniai

ing

megztinis

pulóver

megztinis su gobtuvu

kapucnis pulóver

švarkelis

blézer

švarkas

dzseki

paltas

kabát

lietpaltis

esőkabát

kostiumas

kosztüm

suknelė

ruha

vestuvinė suknelė

esküvői ruha

kostiumas

öltöny

naktiniai marškiniai

hálóing

pižama

pizsama

saris

szári

skarelė

fejkendő

tiurbanas

turbán

burka

burka

kaftanas

kaftán

abaja

abaya

maudymosi kostiumėlis

fürdőruha

glaudės

fürdőnadrág

šortai

rövidnadrág

sportinis kostiumas

tréningruha

prijuostė

kötény

pirštinės

kesztyű

saga

gomb

akiniai

szemüveg

apyrankė

karkötő

vėrinys

nyaklánc

žiedas

gyűrű

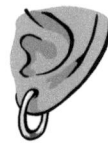

auskaras

fülbevaló

kepurė

sapka

pakabas

vállfa

skrybėlė

kalap

kaklaraištis

nyakkendő

užtrauktukas

cipzár

šalmas

bukósisak

breketai

nadrágtartó

mokyklinė uniforma

iskolai egyenruha

uniforma

egyenruha

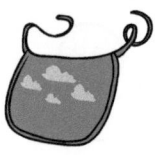

seilinukas

előke

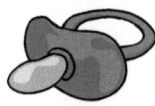

žindukas

cumi

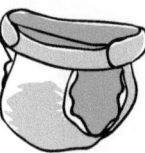

vystyklai

pelenka

biuras

iroda

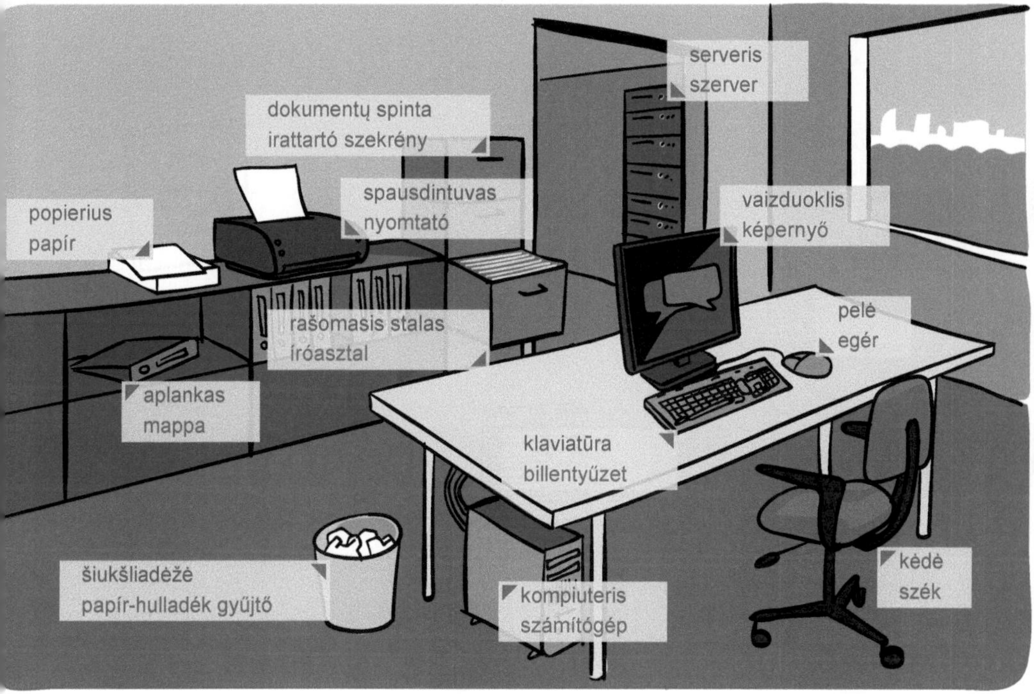

serveris
szerver
dokumentų spinta
irattartó szekrény
spausdintuvas
nyomtató
popierius
papír
vaizduoklis
képernyő
pelė
egér
rašomasis stalas
íróasztal
aplankas
mappa
klaviatūra
billentyűzet
šiukšliadėžė
papír-hulladék gyűjtő
kompiuteris
számítógép
kėdė
szék

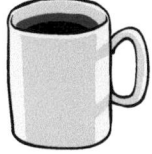

kavos puodelis

kávéscsésze

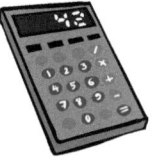

kalkuliatorius

számológép

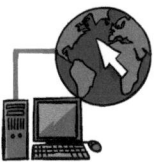

internetas

internet

nešiojamasis kompiuteris

laptop

laiškas

levél

žinutė

üzenet

mobilusis telefonas

mobiltelefon

tinklas

hálózat

fotokopijavimo aparatas

fénymásoló

programiné įranga

szoftver

telefonas

telefon

kištukinis lizdas

konnektor

faksas

faxgép

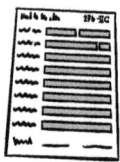

forma

formanyomtatvány

dokumentas

dokumentum

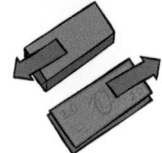

pirkti

venni

mokėti

fizetni

prekiauti

kereskedni

pinigai

pénz

doleris

dollár

euras

euró

jena

jen

rublis

rubel

Šveicarijos frankas

svájci frank

juanis

kínai jüan

rupija

rúpia

bankomatas

bankautomata

valiutos keitykla

valutaváltó iroda

auksas

arany

sidabras

ezüst

nafta

olaj

energija

energia

kaina

ár

sutartis

szerződés

mokestis

adó

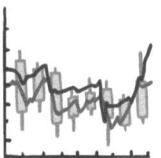

akcijos

részvény

dirbti

dolgozni

darbuotojas

munkavállaló

darbdavys

munkaadó

gamykla

gyár

parduotuvė

üzlet

profesijos
foglalkozások

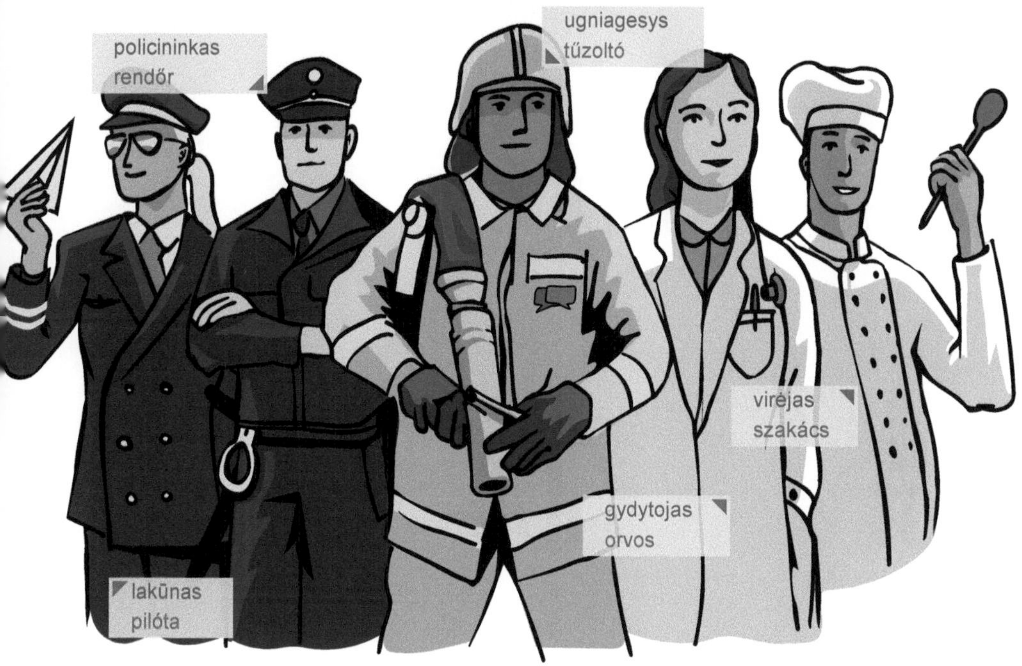
policininkas
rendőr
ugniagesys
tűzoltó
virėjas
szakács
gydytojas
orvos
lakūnas
pilóta

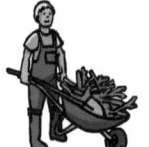

sodininkas

kertész

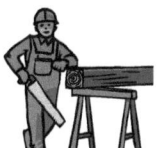

stalius

kárpitos

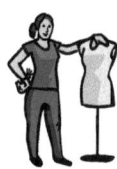

siuvėja

varrónő

teisėjas

bíró

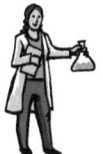

chemikas

vegyész

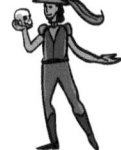

aktorius

színész

autobuso vairuotojas

buszsofőr

taksi vairuotojas

taxisofőr

žvejys

halász

valytoja

bejárónő

stogdengys

tetőfedő

padavėjas

pincér

medžiotojas

vadász

dailininkas

festő

kepėjas

pék

elektrikas

villanyszerelő

statybininkas

építőmunkás

inžinierius

mérnök

mėsininkas

hentes

santechnikas

vízvezeték-szerelő

paštininkas

postás

kareivis

katona

architektas

építész

kasininkas

eladó

gėlininkas

virágos

kirpėjas

fodrász

konduktorius

kalauz

mechanikas

műszerész

kapitonas

kapitány

odontologas

fogorvos

mokslininkas

tudós

rabinas

rabbi

imamas

imám

vienuolis

szerzetes

kunigas

lelkész

įrankiai
szerszámok

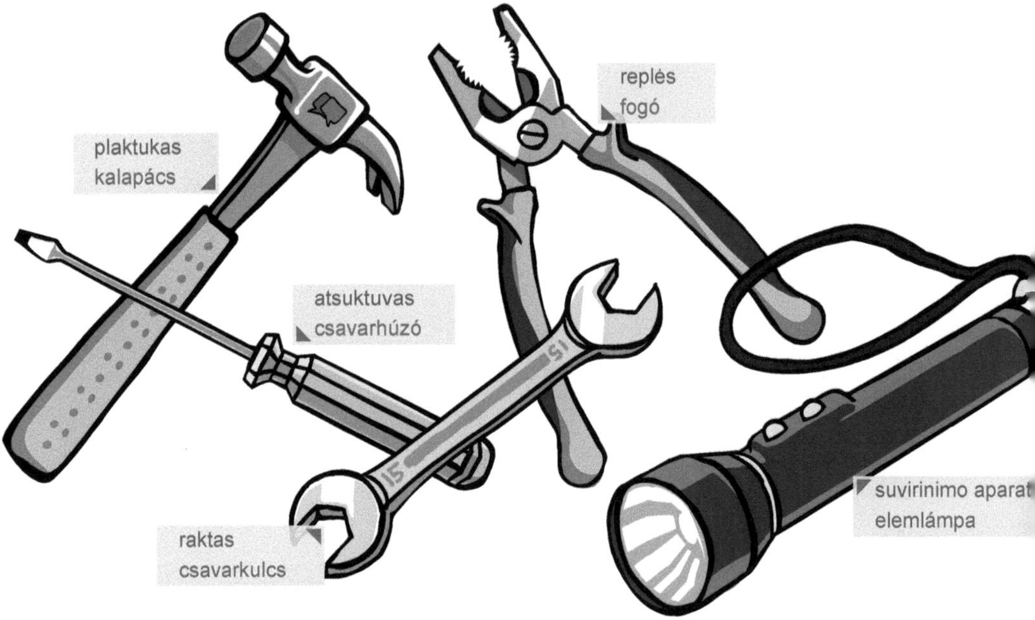
replės
fogó
plaktukas
kalapács
atsuktuvas
csavarhúzó
raktas
csavarkulcs
suvirinimo aparat
elemlámpa

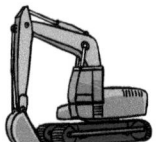

ekskavatorius
markológép

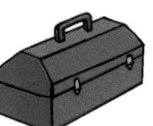

įrankių dėžė
szerszámosláda

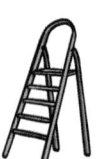

kopėčios
vödör

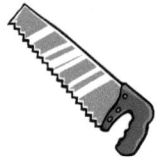

pjūklas
fűrész

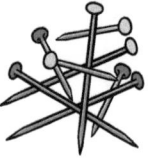

vinys
szög

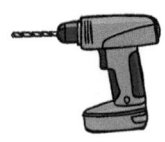

grąžtas
fúrógép

taisyti
....
megjavítani

kastuvas
....
lapát

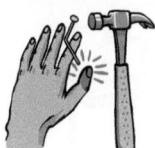

Velniava!
....
A francba!

semtuvélis
....
szemétlapát

dažų skardinė
....
festékesdoboz

varžtai
....
csavar

muzikos instrumentai
hangszerek

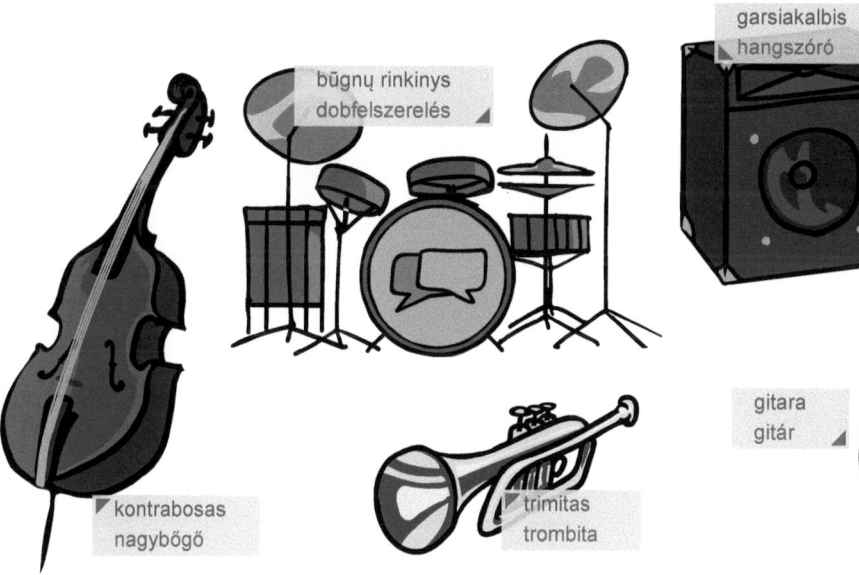

garsiakalbis
hangszóró

būgnų rinkinys
dobfelszerelés

gitara
gitár

kontrabosas
nagybőgő

trimitas
trombita

pianinas

zongora

smuikas

hegedű

bosinė gitara

basszusgitár

timpanas

üstdob

būgnai

dobok

sintezatorius

digitális zongora

saksofonas

szaxofon

fleita

fuvola

mikrofonas

mikrofon

zoologijos sodas

állatkert

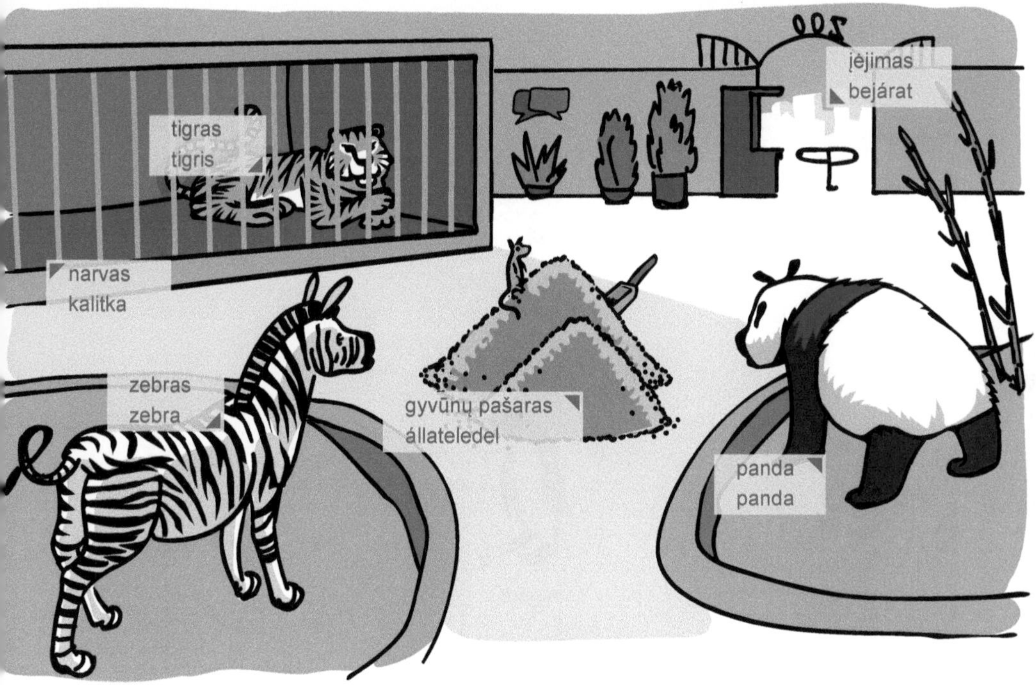

įėjimas
bejárat
tigras
tigris
narvas
kalitka
zebras
zebra
gyvūnų pašaras
állateledel
panda
panda

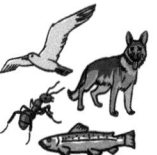

gyvūnai

állatok

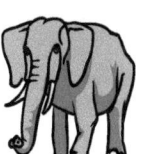

dramblys

elefánt

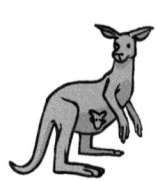

kengūra

kenguru

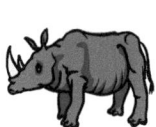

raganosis

orrszarvú

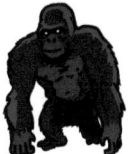

gorila

gorilla

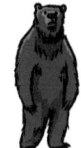

meška

medve

kupranugaris

teve

strutis

strucc

liūtas

oroszlán

beždžionė

majom

flamingas

flamingó

papūga

papagáj

baltoji meška

jegesmedve

pingvinas

pingvin

ryklys

cápa

povas

páva

gyvatė

kígyó

krokodilas

krokodil

zoologijos sodo prižiūrėtojas

állatgondozó

ruonis

fóka

jaguaras

jaguár

ponis

póniló

leopardas

leopárd

begemotas

víziló

žirafa

zsiráf

erelis

sas

šernas

vaddisznó

žuvis

hal

vėžlys

teknős

vėplys

rozmár

lapė

róka

gazelė

gazella

amerikietiškas futbolas
amerikai futball

dviračių sportas
kerékpározás

tenisas
tenisz

krepšinis
kosárlabda

plaukimas
úszás

boksas
boksz

ledo ritulys
jégkorong

futbolas
futball

badmintonas
tollas

atletika
atlétika

rankinis
kézilabda

slidinėjimas
síelés

polas
lovaspóló

juoktis
nevetni

šokinéti
ugrani

apkabinti
ölelni

vaikščioti
sétálni

dainuoti
énekelni

svajoti
álmodni

melstis
dicsérni

bučiuoti
csókolni

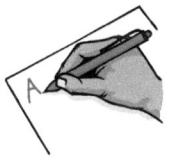

rašyti
írni

piešti
rajzolni

rodyti
mutatni

stumti
tolni

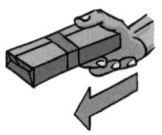

duoti
adni

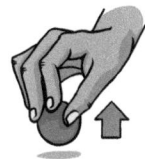

imti
vinni

turėti

birtokolni

daryti

csinálni

būti

lenni

stovėti

állni

bėgti

futni

traukti

húzni

mesti

hajít

kristi

esni

meluoti

hazudni

laukti

várni

nešti

vinni

sėdėti

ülni

rengtis

felvenni

miegoti

aludni

pabusti

felébredni

žiūrėti

ránézni

verkti

sírni

glostyti

simogat

šukuoti

fésülni

kalbėti

beszélni

suprasti

megérteni

paklausti

kérdezni

klausytis

hallgatni

gerti

inni

valgyti

enni

tvarkytis

takarítani

mylėti

szeretni

gaminti

főzni

vairuoti

vezetni

skristi

szállni

buriuoti

vitorlázni

skaičiuoti

számol

skaityti

olvasni

mokytis

tanulni

dirbti

dolgozni

vesti

házasodni

siūti

varrni

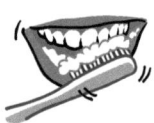

valytis dantis

fogat mosni

žudyti

ölni

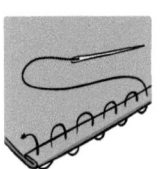

rūkyti

dohányozni

siųsti

küldeni

senelė
nagymama

senelis
nagypapa

tėvas
apa

motina
anya

kūdikis
kisbaba

dukra
lány

sūnus
fiú

svečias

vendég

teta

nagynéni

dėdė

nagybácsi

brolis

fiútestvér

sesuo

lánytestvér

kūnas

test

kakta
homlok
akis
szem
petys
váll
pirštas
ujj
veidas
arc
smakras
áll
plaštaka
kéz
koja
láb
krūtinė
mell
ranka
kar

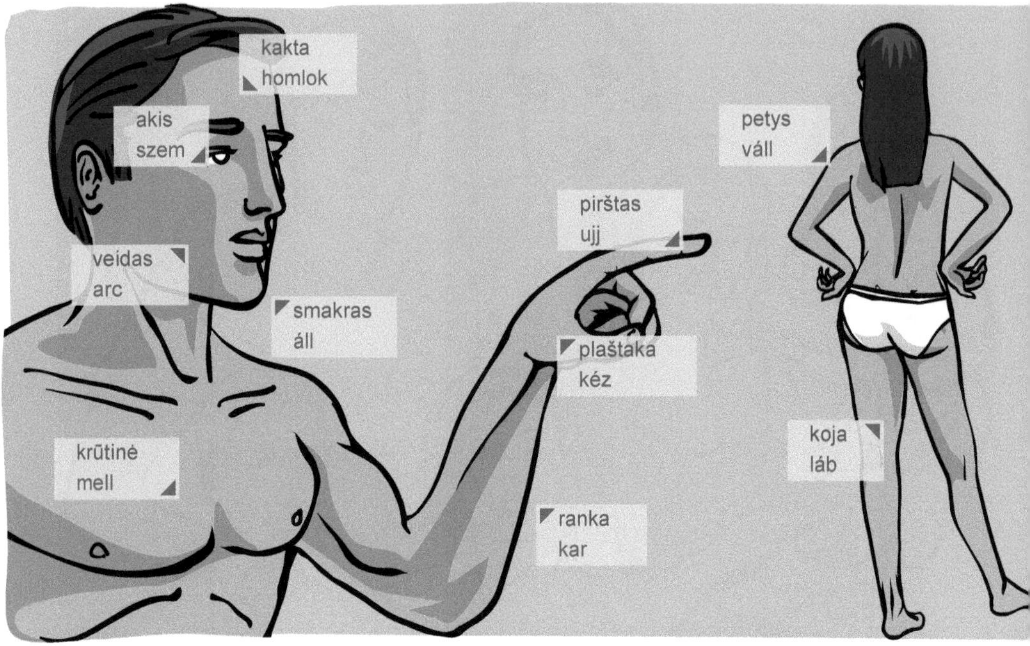

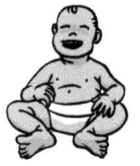

kūdikis

kisbaba

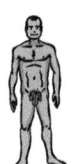

vyras

ember

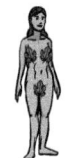

moteris

nő

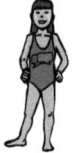

mergaitė

lány

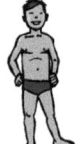

berniukas

fiú

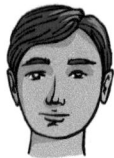

galva

fej

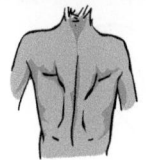

nugara

hát

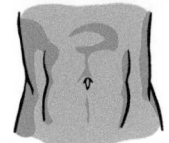

pilvas

has

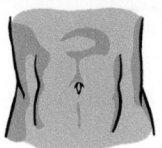

bamba

köldök

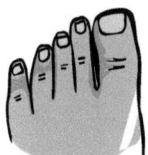

kojos pirštas

lábujj

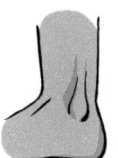

kulnas

sarok

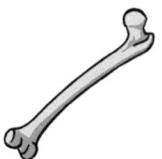

kaulas

csont

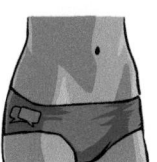

klubas

csípő

kelis

térd

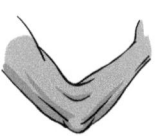

alkūnė

könyök

nosis

orr

sėdmenys

fenék

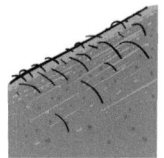

oda

bőr

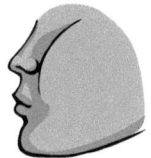

skruostas

orca

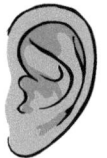

ausis

fül

lūpa

ajak

burna
száj

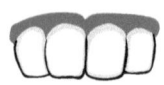

dantis
fog

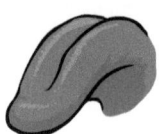

liežuvis
nyelv

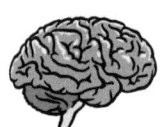

smegenys
agy

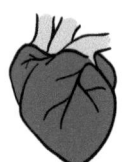

širdis
szív

raumuo
izom

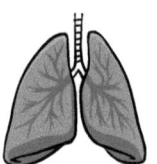

plaučiai
tüdő

kepenys
máj

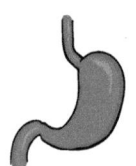

skrandis
gyomor

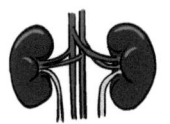

inkstai
vese

seksas
szex

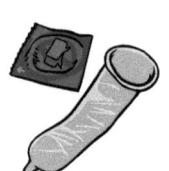

prezervatyvas
kondom

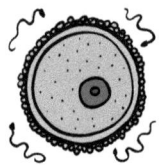

kiaušialąstė
petesejt

sperma
sperma

nėštumas
terhesség

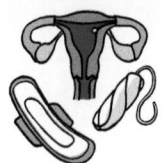

menstruacijos
....
menstruáció

makštis
....
vagina

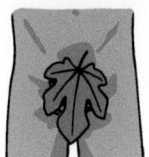

varpa
....
pénisz

antakis
....
szemöldök

plaukai
....
haj

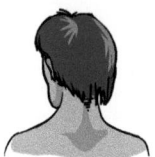

kaklas
....
nyak

ligoninė
kórház

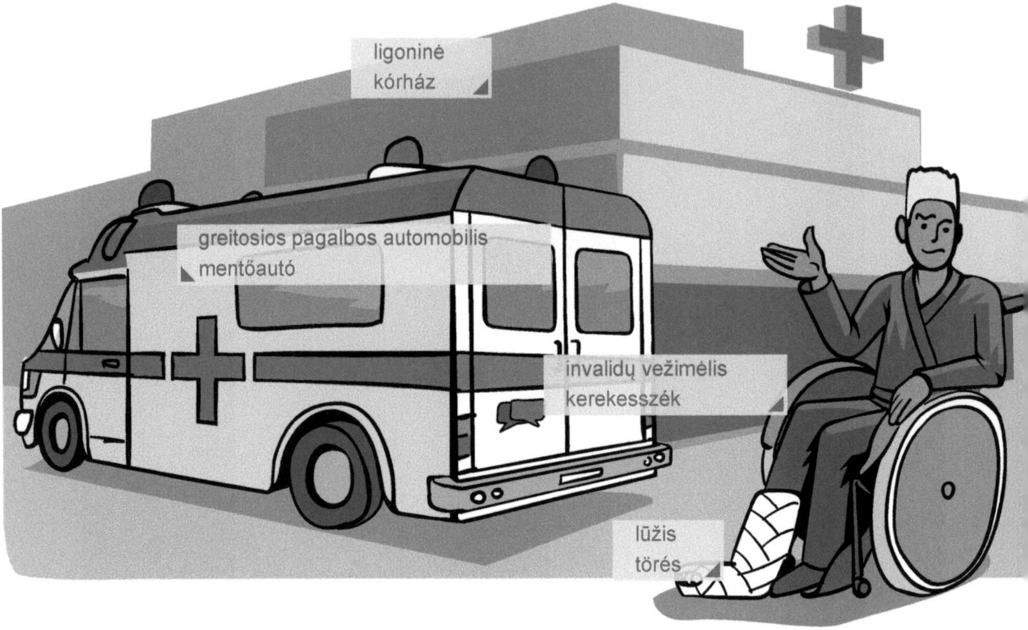

ligoninė
kórház
greitosios pagalbos automobilis
mentőautó
invalidų vežimėlis
kerekesszék
lūžis
törés

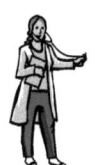

gydytojas

orvos

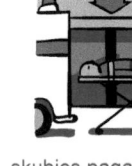

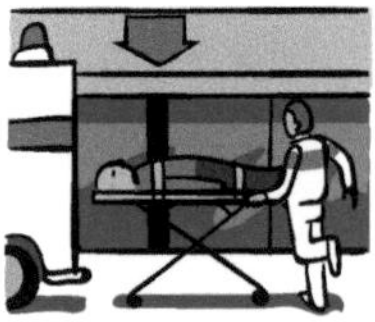

skubios pagalbos skyrius

sürgősségi osztály

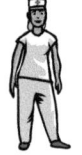

slaugytoja

ápoló

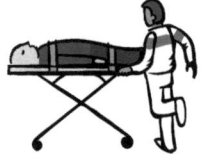

nelaimingas atsitikimas

vészhelyzet

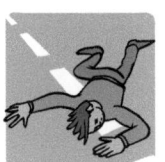

be sąmonės

eszméletlen

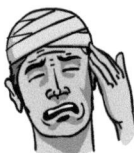

skausmas

fájdalom

sužalojimas

sérülés

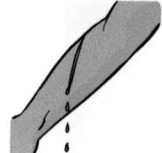

kraujavimas

vérzés

širdies smūgis

szívroham

insultas

szélütés

alergija

allergia

kosulys

köhögés

karščiavimas

láz

gripas

influenza

viduriavimas

hasmenés

galvos skausmas

fejfájás

vėžys

rák

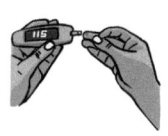

diabetas

cukorbetegség

chirurgas

sebész

skalpelis

szike

operacija

műtét

KT
CT

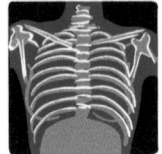

rentgenas
röntgen

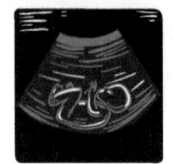

ultragarsas
ultrahang

veido kaukė
arcmaszk

liga
betegség

laukiamasis
váróterem

ramentas
mankó

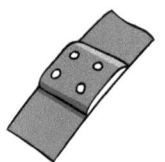

gipsas
sebtapasz

tvarstis
kötszer

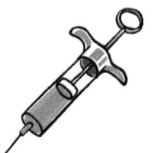

injekcija
injekció

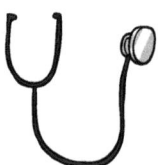

stetoskopas
sztetoszkóp

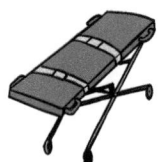

neštuvai
hordágy

termometras
klinikai hőmérő

gimimas
születés

antsvoris
túlsúly

klausos aparatas

hallókészülék

dezinfekavimo priemonė

fertőtlenítőszer

infekcija

fertőzés

virusas

vírus

ŽIV / AIDS

HIV/AIDS

vaistas

orvosság

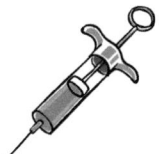

skiepijimas

oltás

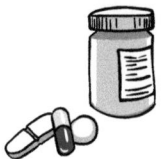

tabletės

tabletták

piliulė

tabletta

skubios pagalbos numeris

sürgősségi hívás

kraujospūdžio matuoklis

vérnyomásmérő

ligotas / sveikas

betegség / egészség

Padėkite!

Segítség!

pavojaus signalas

riasztás

užpuolimas

rajtaütés

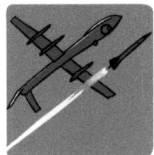

ataka

támadás

pavojus

veszély

avarinis išėjimas

vészkijárat

Gaisras!

tűz!

gesintuvas

tűzoltókészülék

nelaimingas atsitikimas

baleset

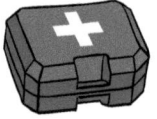

pirmosios pagalbos rinkinys

elsősegélycsomag

SOS

SOS

policija

rendőrség

Europa

Európa

Šiaurės Amerika

Észak-Amerika

Pietų Amerika

Dél-Amerika

Afrika

Afrika

Azija

Ázsia

Australija

Ausztrália

Atlanto vandenynas

Atlanti-óceán

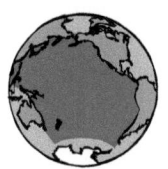

Ramusis vandenynas

Csendes-óceán

Indijos vandenynas

Indiai-óceán

Pietų vandenynas

Déli-óceán

Arkties vandenynas

Jeges-tenger

Šiaurės ašigalis

Északi-sark

Pietų ašigalis

Déli-sark

Antarktida

Antarktisz

Žemė

föld

sausuma

szárazföld

jūra

tenger

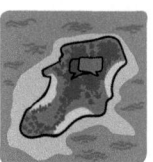

sala

sziget

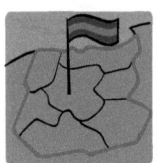

tauta

nemzet

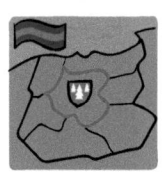

valstybė

állam

ciferblatas

számlap

valandinė rodyklė

kismutató

minutinė rodyklė

nagymutató

sekundinė rodyklė

másodpercmutató

Kiek valandų?

Mennyi az idő?

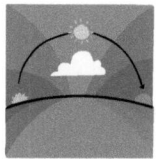

diena

nap

laikas

idő

dabar

most

skaitmeninis laikrodis

digitális óra

minutė

perc

valanda

óra

savaitė
hét

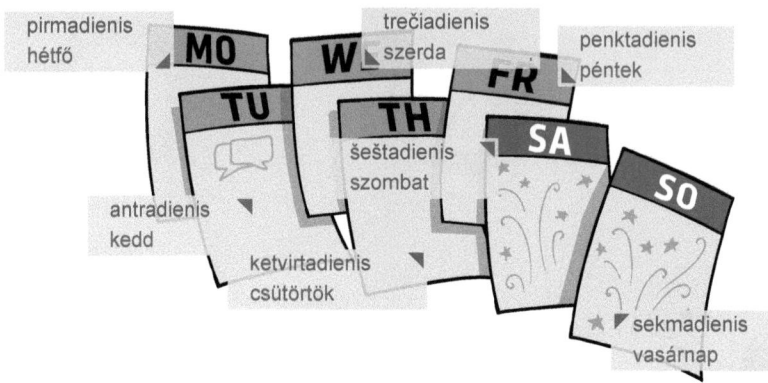

pirmadienis
hétfő

antradienis
kedd

trečiadienis
szerda

ketvirtadienis
csütörtök

šeštadienis
szombat

penktadienis
péntek

sekmadienis
vasárnap

vakar

tegnap

šiandien

ma

rytoj

holnap

rytas

reggel

vidurdienis

dél

vakaras

este

MO	TU	WE	TH	FR	SA	SU
1	2	3	4	5	6	7
8	9	10	11	12	13	14
15	16	17	18	19	20	21
22	23	24	25	26	27	28
29	30	31	1	2	3	4

darbo dienos

hétköznap

MO	TU	WE	TH	FR	SA	SU
1	2	3	4	5	6	7
8	9	10	11	12	13	14
15	16	17	18	19	20	21
22	23	24	25	26	27	28
29	30	31	1	2	3	4

savaitgalis

hétvége

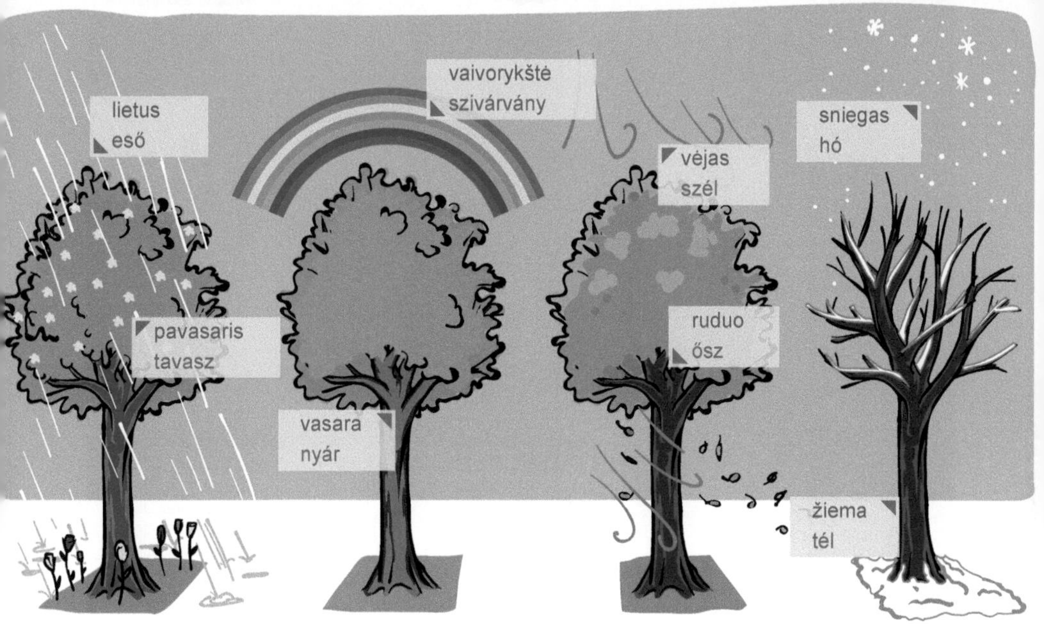

lietus
eső
vaivorykštė
szivárvány
vėjas
szél
sniegas
hó
pavasaris
tavasz
vasara
nyár
ruduo
ősz
žiema
tél

4.APRIL 11°
5.APRIL 4°
6.APRIL 13°
7.APRIL 8°
8.APRIL 10°

orų prognozė

időjárás előrejelzés

F C
120 40
90 30
60 20
30 10
0 0
-30 -10
-20

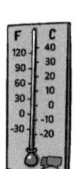

lauko termometras

hőmérő

saulės šviesa

napsütés

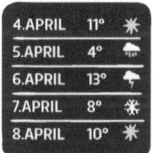

debesis

felhő

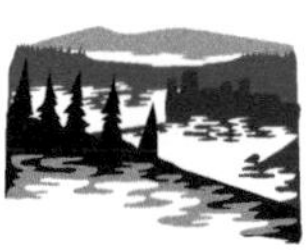

rūkas

köd

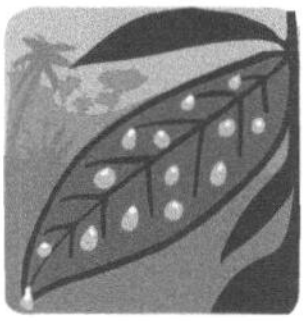

drėgmė

páratartalom

žaibas

villámlás

griaustinis

mennydörgés

audra

vihar

kruša

jégeső

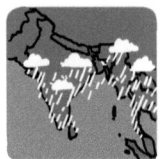

musonas

monszun

potvynis

áradás

ledas

jég

sausis

január

vasaris

február

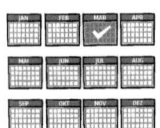

kovas

március

balandis

április

gegužė

május

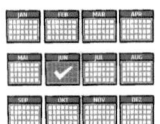

birželis

június

liepa

július

rugpjūtis

augusztus

rugsėjis
....
szeptember

spalis
....
október

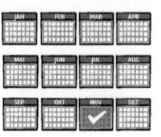

lapkritis
....
november

gruodis
....
december

apskritimas
....
kör

kvadratas
....
négyzet

stačiakampis
....
téglalap

trikampis
....
háromszög

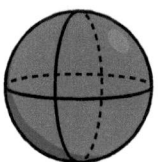

sfera
....
gömb

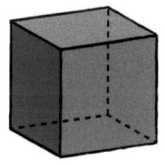

kubas
....
kocka

balta

fehér

geltona

sárga

oranžinė

narancs

rožinė

rózsaszín

raudona

piros

violetinė

lila

mėlyna

kék

žalia

zöld

ruda

barna

pilka

szürke

juoda

fekete

daug / mažai

sok / kevés

piktas / ramus

mérges / nyugodt

gražus / bjaurus

szép / csúnya

pradžia / pabaiga

kezdet / vég

didelis / mažas

nagy / kicsi

šviesus / tamsus

világos / sötét

brolis / sesuo

fivér / nővér

švarus / purvinas

tiszta / koszos

užbaigtas / neužbaigtas

teljes / nem teljes

diena / naktis

nappal / éjszaka

miręs / gyvas

halott / élő

platus / siauras

széles / keskeny

valgomas / nevalgomas

ehető / nem ehető

piktas / malonus

gonosz / kedves

linksmas / nuobodus

izgatott / unott

storas / plonas

kövér / vékony

pirmiausia / paskiausia

első / utolsó

draugas / priešas

barát / ellenség

pilnas / tuščias

teli / üres

kietas / minkštas

kemény / puha

sunkus / lengvas

nehéz / könnyű

alkis / troškulys

éhség / szomjúság

ligotas / sveikas

betegség / egészség

nelegalus / legalus

illegális / legális

protingas / kvailas

intelligens / buta

kairė / dešinė

bal / jobb

arti / toli

közel / távol

naujas / naudotas

új / használt

niekas / kažkas

semmi / valami

senas / jaunas

idős / fiatal

įjungta / išjungta

be / ki

atidaryta / uždaryta

nyitva / zárva

tylus / garsus

csendes / hangos

turtingas / vargšas

gazdag / szegény

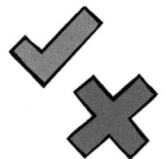

teisus / neteisus

helyes / helytelen

šiurkštus / švelnus

érdes / sima

liūdnas / laimingas

szomorú / vidám

trumpas / ilgas

rövid / hosszú

lėtas / greitas

lassú / gyors

drėgnas / sausas

nedves / száraz

šiltas / šaltas

meleg / hideg

karas / taika

háború / béke

0

nulis

nulla

1

vienas

egy

2

du

kettő

3

trys

három

4

keturi

négy

5

penki

öt

6

šeši

hat

7

septyni

hét

8

aštuoni

nyolc

9

devyni

kilenc

10

dešimt

tíz

11

vienuolika

tizenegy

12

dvylika
tizenkettő

13

trylika
tizenhárom

14

keturiolika
tizennégy

15

penkiolika
tizenöt

16

šešiolika
tizenhat

17

septyniolika
tizenhét

18

aštuoniolika
tizennyolc

19

devyniolika
tizenkilenc

20

dvidešimt
húsz

100

šimtas
száz

1.000

tūkstantis
ezer

1.000.000

milijonas
millió

anglų

angol

amerikiečių anglų

amerikai angol

kinų (mandarinų)

mandarin kínai

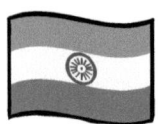

hindi

hindi

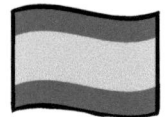

ispanų

spanyol

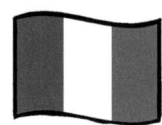

prancūzų

francia

arabų

arab

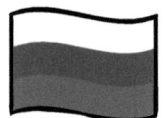

rusų

orosz

portugalų

portugál

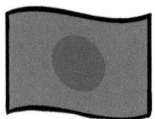

bengalų

bengáli

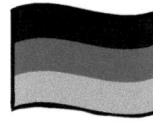

vokiečių

német

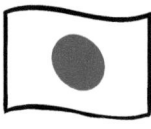

japonų

japán

aš

én

tu

te

jis / ji

ő

mes

mi

jūs

ti

jie

ők

kas?

ki?

ką?

mi?

kaip?

hogyan?

kur?

hol?

kada?

mikor?

vardas

név

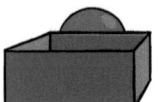

už
....
mögött

kur (vieta)
....
benne

priešais
....
elötte

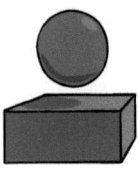

virš
....
felette

ant
....
rajta

po
....
alatta

prie
....
mellett

tarp
....
között

vieta
....
hely